MEMOIRE

POUR Demoiselle MICHELLE FERRAND, Fille majeure, Intimée.

CONTRE Dame Anne de Bellinzani, Veuve de M. le Preſident Ferrand, Appellante.

ET Dame Elizabeth Ferrand, Veuve de M. le Comte de Canillac, la Dame Marquiſe du Pont-du-Château, & Meſſire Antoine-René le Fevre de la Falluere, Appellans de la Sentence d'appointement rendue au Châtelet.

LES contradictions qu'éprouve la Demoiſelle Ferrand, qui ſe renouvellent & ſe multiplient tous les jours, exigent un troiſiéme Memoire.

Madame la Preſidente Ferrand ſa mere & les prétendus heritiers de M. le Preſident Ferrand ſe réuniſſent contre elle, avec les mêmes armes, mais employées très-differemment.

Madame Ferrand fait uſage des talens de ſon eſprit pour rendre à la verité un hommage qui n'eſt qu'apparent, & elle arrange ſes diſcours de maniere que les Collateraux qui ne lui ſont devenus chers, que parce que ſa fille reclame ſon état, n'en ſouffrent point de préjudice.

Il y a un tel mélange de vrai & de faux dans ſon Interrogatoire & dans les Moyens qu'elle a fait plaider, qu'on eſt étonné comment elle a pû parvenir à concilier des incompatibles auſſi oppoſez : J'ai eu quatre enfans, le dernier enfant eſt une fille dont je ſuis accouchée le 28 Octobre 1686. voilà le vrai, du moins à quelques heures près, car l'accouchement eſt du 27; qu'eſt devenue cette fille ? elle répond qu'elle n'en ſçait rien. Quelle eſt celle à qui vous avez fourni des alimens, l'entretien, l'éducation ? ma fille eſt morte, voilà le faux ; ſi elle n'eſt pas votre fille, qu'eſt-elle donc ? c'eſt la bâtarde de mon frere, voilà le faux. Ainſi elle ſe flatte qu'une verité avouée perdra ſa force par le moyen des

A

deux faits qu'elle a imaginez pour en détruire les inductions; mais les deux faits, l'un de la mort de sa fille, l'autre de l'existence de la bâtarde qui lui est substituée, ne sont pas avancez avec la même assurance que la naissance de la fille; Madame Ferrand en disant que sa fille est morte, & que celle qui est à sa charge depuis si long-tems, est la bâtarde de son frere, ne prend rien sur elle, elle ne parle que d'après autrui, c'est un oüi-dire. Si on lui reproche qu'elle n'a pas dit vrai, elle en sera quitte pour dire qu'on l'a trompée.

Comment est-il possible de croire que Madame Ferrand accouchée le 28 Octobre 1686. n'ait point sçû ce qu'est devenue sa fille? En vain dit-elle pour colorer une ignorance qui n'est point vraye, & qui ne seroit point innocente, que quelques jours après son accouchement elle a été enlevée par des Ordres superieurs, & conduite à l'Abbaye de Lo: elle n'a pas été enlevée dans le moment; si on ne lui a pas laissé le tems de se rétablir, elle a eu celui de se relever; les premieres attentions d'une Dame Chrétienne & d'une mere qui vient de mettre un enfant au monde, ne sont-elles pas de le faire baptiser, & de le mettre entre les bras d'une nourrice? La Demoiselle Ferrand a été baptisée à S. Sulpice, Madame Ferrand a donc satisfait au premier devoir, & il n'est pas vrai qu'elle ait totalement oublié le second, qu'elle n'ait pas sçû, qu'elle ne se soit pas même informée du nom de la nourrice à qui sa fille a été confiée: ne lui faisons pas l'injure d'ajouter foi à ce qu'elle dit; il est plus convenable de croire qu'elle n'a pas dit vrai, que de lui faire le reproche qu'elle ait été dénaturée au point de ne s'être pas seulement souvenue qu'elle étoit mere.

Le fait de la bâtarde destitué de tout genre de preuves, n'a été imaginé que pour répondre à l'induction des soins que Madame Ferrand a eu de sa fille depuis 1686. mais les absurditez produites de ce fait ont été sans nombre. Elle a eu une fille dont l'existence est prouvée, dont la cessation de l'existence ne peut être justifiée que par un Extrait mortuaire; elle a eu soin d'une fille qu'elle suppose la bâtarde de son frere, dont l'existence ne pourroit être verifiée que par un Extrait baptistaire. Cette bâtarde a été un objet cheri par la Dame de Bellinzani, mere de Madame Ferrand; cette bâtarde n'a pas même été connue par celui qu'on dit en avoir été le pere, il en étoit le pere sans le sçavoir; la Dame de Bellinzani l'a confiée en mourant à Madame Ferrand, à qui elle a donné une somme de 10000 liv. pour continuer d'en avoir soin; Madame Ferrand s'en est acquittée avec mystere & avec un secret inviolable, & pendant qu'elle a oublié sa fille legitime, elle a eu pour la bâtarde de son frere des attentions veritablement maternelles; on n'a jamais dit à cette bâtarde qui elle étoit, on l'a fait errer depuis l'âge de trois ou quatre ans de Couvens en Couvens; elle a voulu se consacrer à Dieu, Madame Ferrand avoit entre les mains un fonds plus que suffisant pour fournir à cette dépense, elle a voulu éprouver sa vocation, elle n'a pas voulu y donner les mains; c'est un embarras qui lui a tellement plû, qu'elle s'est fait un devoir de le perpetuer.

La bâtarde, ce tiers que Madame Ferrand a placé entr'elle & sa fille legitime, étant écartée, la Demoiselle Ferrand prouve son état par la certitude que la Dame fa mere eft accouchée ; par fon Extrait baptiftaire tiré des Regiftres de S. Sulpice, par l'exactitude de la penfion payée dans tous les Couvens où elle a été, par deux donations dont Madame Ferrand a fourni les fonds. Il ne manque à la Demoifelle Ferrand que le nom qu'on n'a pas voulu qu'elle ait porté.

On a fubftitué au nom de Ferrand, le nom de Vigny ; c'eft celui dont on dit qu'elle eft en poffeffion, c'eft un prefent que lui a fait Madame Ferrand.

Pour argumenter de ce nom, il faudroit que Madame Ferrand qui convient avoir eu foin de celle qu'elle ne veut pas reconnoître pour fa fille, rapportât un Extrait baptiftaire qu'elle pût appliquer à une Demoi-felle de Vigny.

Madame Ferrand ne prouve point qu'elle foit la Demoifelle de Vi-gny ; nous n'en tirerons pas la confequence abfolue qu'elle eft la Demoi-felle Ferrand, mais de l'Extrait baptiftaire joint & incorporé avec l'Acte fignifié par le miniftere de Me Carnot, par M. le Prefident Ferrand au Curé de S. Sulpice, de l'aveu de Madame Ferrand accouchée le 28 Oc-tobre 1686. que depuis 1692. elle a fourni la fubfiftance à celle qui fe dit fa fille, des deux donations dont elle a fait les fonds, nous tirerons l'infaillible confequence que Madame Ferrand ne peut fe difpenfer de reconnoître qu'elle eft fa fille.

Venons aux Collateraux, ils font dans la Caufe un étrange perfon-nage.

On ne leur reprochera pas qu'ils font unis avec Madame Ferrand, mais les mefures qu'ils ont prifes pour s'unir à elle, ajoutons la conduite de Madame Ferrand pour s'unir à eux, le jeu cruel que Madame Ferrand joue avec eux, dans l'efperance que la Demoifelle Ferrand en fera la victime, eft tout ce qu'on peut imaginer de plus fingulier, on n'oferoit fe fervir d'une plus forte expreffion.

Quand Madame Ferrand dit une verité, les Collateraux lui donnent un démenti ; quand elle débite une fable, ils l'applaudiffent ; quand ils donnent à Madame Ferrand un démenti, elle leur applaudit à fon tour ; ils la deshonorent, & elle les remercie : ceci n'eft point exageration.

Madame Ferrand dit : Je fuis accouchée le 28 Octobre 1686. les Collateraux voyent où conduit ce fait, & quelle en eft la confequence, ils n'en conviennent pas ; le démenti qu'ils lui donnent, dans le langage du Palais, que l'accouchement par elle convenu ne peut leur préjudi-cier, n'eft pas moins un démenti.

Madame Ferrand a inventé une fable abfurde, par la fuppofition d'une bâtarde dont elle fait prefent à fon frere après fa mort ; les Collateraux adoptent cette chimere, elle devient à leur égard une verité.

Madame Ferrand, par le refus qu'elle fait de fe reconnoître mere de la Demoifelle Ferrand, nie que M. le Prefident Ferrand foit le pere. Les Collateraux effrayez des preuves de la maternité, difent qu'elle peut être mere fans qu'il en réfulte la preuve de la paternité de M. le Prefident Ferrand. Cette propofition eft le comble de la confufion pour Madame Ferrand ; elle avale cette injure, elle la digere, c'eft un poifon qu'elle adopte comme un aliment délicieux ; & comme elle a pris le parti de faire à la nature le plus fanglant de tous les outrages, elle croit gagner fi elle achete ce facrifice par le prix de fon honneur.

Il faut donc examiner l'affaire fous deux points de vûe; le premier, relativement à Madame la Prefidente Ferrand; le fecond, relativement aux Collateraux qui prétendent être les heritiers de M. le Prefident Ferrand, & de M. Ferrand, Doyen du Parlement.

Dans la premiere partie on prouvera jufqu'à la démonftration, que Madame la Prefidente Ferrand ne peut méconnoître la Demoifelle Ferrand pour fa fille.

Dans la feconde, on prouvera que cette verité ne peut être attaquée par les pareus collateraux de M. le Prefident Ferrand & de M. Ferrand fon frere.

PREMIERE PARTIE.

Comme tous les faits ont été expliquez dans les precedens Memoires, on ne croit pas qu'il foit neceffaire de les repeter dans celui-ci.

Il eft important d'obferver qu'en caufe principale l'affaire a été réduite à un point principal.

Madame la Prefidente Ferrand eft convenue avoir eu quatre enfans dans le cours de fon mariage; le dernier enfant eft la fille qui fe prefente, qu'elle ne défavoue pas pour fa fille, mais néanmoins qu'elle ne veut pas reconnoître, fi on ne lui proüve pas qu'elle eft individuellement celle dont elle convient d'être accouchée en 1686. elle eft convenue encore que depuis 1693. jufqu'en 1735. elle a eu foin d'une fille qui étoit alors dans le Couvent des Jacobines de Rodez, & qui depuis a paffé fa vie dans differens Couvens, & que cette fille eft celle qui demande à être reconnue pour fa fille.

La difficulté ne roule que fur les années qui ont precedé celle de 1693. qui font les premieres années de la vie de la Demoifelle Ferrand née en 1686.

C'eft ce qui a déterminé la Demoifelle Ferrand à prefenter Requefte au Châtelet, par laquelle furabondamment elle a mis en fait que la fille arrivée à Rodez au commencement du mois de Janvier 1693. eft la même qui au mois de Decembre 1692. a été tirée du Couvent des Annonciades de Melun où elle a été pendant deux ans, qui remontent à 1690. quand cette preuve fera faite, & que le paffage de Melun à Rodez aura été éclairci, il ne reftera de doute que fur les trois ou quatre premieres années de la vie de la Demoifelle Ferrand, qui ont commencé au 28 Octobre 1686.

Pour écarter tous les doutes, parcourons tout le tems de la vie de la Demoifelle Ferrand.

M. & Madame Ferrand ont confenti d'être feparez par Tranfaction du 29 Mars 1686. l'Acte porte qu'ils demeuroient *enfemblement;* que l'antipathie de leur humeur & les rixes qui arrivent tous les jours, & qui peuvent augmenter dans la difpofition où fe trouvent les efprits, obligeoient Madame Ferrand de demander la feparation en Juftice, & M. Ferrand de la confentir.... qu'ils fe font juftice à eux-mêmes en fe féparant volontairement, jufqu'à ce qu'il ait plû à Dieu de reconcilier leurs efprits; que Madame Ferrand pourra fe retirer où bon lui femble, où néanmoins

néanmoins M. Ferrand pourra la viſiter ; il s'oblige de lui payer 4000 liv. de penſion ; lors de cette Tranſaction Madame Ferrand étoit enceinte de deux mois, ainſi la Demoiſelle Ferrand eſt conçue dans un temps où ſon pere & ſa mere demeuroient dans la même maiſon.

Madame la Preſidente Ferrand réduite à une penſion de 4000 l. s'eſt retirée dans une maiſon rue du Bacq, Paroiſſe Saint Sulpice, elle y eſt accouchée le 27 Octobre 1686. elle ne s'eſt trompée que d'un jour dans ſon Interrogatoire, où elle date ſon accouchement du jour de la Saint Simon Saint Jude, qui eſt le 28 Octobre ; c'eſt ce jour ſur les neuf heures du matin que ſa fille fut preſentée à Saint Sulpice pour y être baptiſée.

De-là elle fut miſe en nourrice.

Elle eſt entrée au Convent des Annonciades de Melun en 1690.

Elle en eſt ſortie dans le courant de Decembre 1692. & conduite à Rodez à 168 lieuës de Paris par la femme de Chambre, & qui a continué depuis d'être la confidente de Madame la Preſidente Ferrand.

Dans le premier Memoire de la Demoiſelle Ferrand, tous les Convens où elle a été pendant ſa vie ſont rappellez ; ce détail eſt devenu inutile, parce que Madame la Preſidente Ferrand avoue que celle qui ſe preſente eſt la même qui a toujours été à ſa charge depuis qu'elle eſt arrivée à Rodez juſqu'à preſent, c'eſt-à-dire, pendant 45 ans.

Au fait avoué par Madame la Preſidente Ferrand, la Demoiſelle Ferrand ajoute, que celle qui eſt arrivée à Rodez dans les premiers jours du mois de Janvier 1693. a été tirée du Convent des Annonciades de Melun où elle étoit entrée dès 1690. c'eſt le fait que la Demoiſelle Ferrand a allegué, & dont elle a demandé permiſſion de faire preuve.

Mais ce fait devenu conſtant par la preuve offerte & demandée, il reſtera un vuide depuis 1686. juſqu'en 1690. Madame la Preſidente Ferrand ſoutient que c'eſt à la Demoiſelle Ferrand à remplir ce vuide de trois ou quatre années dans le cours deſquelles la Demoiſelle Ferrand a été baptiſée, miſe en nourrice & en ſévrage.

Commençons par les circonſtances du Baptême.

Madame la Preſidente Ferrand ne dira pas qu'elle n'a point eu de part au Baptême de ſa fille ; c'eſt le premier ſoin dont une Dame Chrétienne qui vient de mettre un enfant au monde, eſt occupée. 1°. Par l'Extrait Baptiſtaire tiré des Regiſtres de la Paroiſſe de Saint Sulpice, où les noms du pere & de la mere ont été laiſſez en blanc, il eſt prouvé qu'une femme qui étoit chargée de l'enfant, repreſenta un Billet où les noms de M. le Preſident Ferrand & de la Dame ſon épouſe étoient écrits, & ce Billet ne pouvoit avoir été mis entre les mains de cette femme que par Madame la Preſidente Ferrand ou par ſon ordre.

2°. Il eſt plus clair que le jour, que cet Extrait Baptiſtaire de Michelle ne peut s'appliquer qu'à la fille de Michel Ferrand, (c'étoit le nom de M. le Preſident Ferrand) dont la femme qui venoit d'accoucher étoit demeurante rue du Bacq, Paroiſſe de Saint Sulpice, non pas uniquement par la conformité du nom du pere & de la fille, mais par tous les évenemens arrivez dans la matinée du 28 Octobre 1686. écrits dans l'Acte ſignifié au Curé de Saint Sulpice, à la requête de M. le Preſident Ferrand.

Rappellons ces évenemens.

Une femme accompagnée d'un Mandiant & d'une Mandiante apporte une fille pour être baptisée, avec le Billet qui indique pour pere & mere M. le Prefident Ferrand & Dame Anne de Bellinzani sa femme.

Le Clerc chargé du Regiftre des Baptêmes, va trouver le Curé qui étoit dans son Confeffionnal, pour prendre ses ordres.

Le Curé sçachant que M. le Prefident Ferrand n'étoit pas de sa Paroiffe, ignorant que le mari & la femme ne demeuroient plus enfemble, & que Madame la Prefidente Ferrand demeuroit dans la rue du Bacq, se conftitue juge de l'état de l'enfant, & ne croit pas devoir la donner à des perfonnes auffi confiderables, sur la fimple déclaration d'une femme inconnue.

Il ordonne au Clerc des Baptêmes de laiffer en blanc les noms du pere & de la mere.

Il fait auffi-tôt réflexion, qu'il ne convient point de laiffer aucun blanc fur ce Regiftre, il barre le blanc laiffé par son ordre, & à la fuite de l'Extrait il écrit la raifon conçûe en ces termes :

Nous avons crû qu'on ne devoit mettre aucun nom de pere & de mere à la fufdite Michelle, baptifée ce jourd'hui, d'autant que le pere ne s'y étant pas trouvé, il n'a paru perfonne digne de foi pour nous certifier qui font les vrais pere & mere de ladite Michelle.

M. le Prefident Ferrand, accompagné de deux Notaires, se tranfporte au Prefbytere de Saint Sulpice ; il déclare, que fur l'avis qui lui a été donné il y a deux jours qu'on lui vouloit fuppofer un enfant, & le faire baptifer en son nom comme pere, pour lui faire injure, il eft venu trouver le Curé pour le prier de veiller à cette fuppofition, & qu'il ne fût baptifé aucun enfant de son nom, fans lui en donner avis ; il demande, *fi quelque enfant a été prefenté en son nom pour recevoir le Baptême, par quelles perfonnes, & s'il a été baptifé.*

A cette requifition le Curé rend compte de tous les faits précedemment rapportez, de l'enfant apporté par une femme avec un Billet contenant les noms de M. le Prefident Ferrand & de Dame Anne de Bellinzani l'attention du Clerc, qui après les ordres du Curé, de la réponfe du Curé qui n'a pas crû devoir déferer à la déclaration d'une femme inconnue, & de l'ordre donné au Clerc de laiffer en blanc les noms du pere & de la mere, du blanc laiffé par le Clerc, barré par le Curé, de la raifon écrite par le Curé au bas de l'Extrait.

Peut-il refter quelque doute, que toutes les circonftances écrites dans l'Acte fignifié à la requête de M. le Prefident Ferrand s'appliquent à l'Extrait du 28 Octobre 1686. où les noms du pere & de la mere ont été laiffez en blanc ?

Il eft vrai, que fuivant le difcours de M. le Prefident Ferrand, il ne vouloit pas que l'enfant fût baptifé fous son nom, & que la réponfe du Curé, & la reprefentation du Regiftre femblent rétablir le calme & la tranquilité dans son efprit ; de-là on peut induire qu'il n'a pas voulu avoir un enfant de plus, & qu'il a voulu faire injure à fa femme. Le 29 Mars précedent il y avoit eu entre le mari & la femme une féparation volontaire ; lors de cette féparation elle étoit groffe de plus de deux mois ; l'accouchement étoit une fuite de la groffeffe, ainfi que la paternité étoit une fuite de l'accouchement ; dire en cet état qu'il a oüi dire qu'on vouloit lui fuppofer un enfant , c'étoit affurer l'état de l'enfant.

Auffi n'a-t'il pas été long-temps à reconnoître que fa démarche étoit contraire à fon objet ; il fe fait délivrer une expedition de l'Acte ; il la rapporte au Notaire dans l'efperance que la minute pourra être fupprimée ; le Notaire joint l'expedition à la minute , à la fuite il écrit une note , qui merite attention.

M. le Prefident Ferrand m'a rapporté l'expedition ci-attachée , qui eſt la feule qui ait été faite de cette minute , pour que le tout puiſſe demeurer dans une obſcurité profonde , & s'il étoit poſſible même qu'il fût fupprimé , mais cela ne fe peut ; mais il ne pourra jamais être délivré aucune expedition de cette minute , & c'eſt dont je me fuis chargé vers lui , & charge mes Succeſ-feurs de la même choſe.

Voilà le repentir de M. le Prefident Ferrand bien marqué , & la preuve qu'il a reconnu , mais après-coup , les confequences de l'Acte : fi l'enfant eût été baptifé fous fon nom , & qu'il en eût eu connoiffance , il n'auroit pû le defavouer ; l'ignorance du Curé de Saint Sulpice avoit couvert la paternité de nuages , qu'après un certain temps il auroit peut-être été diffi-cile de diffiper. M. le Prefident Ferrand , qui apparemment n'avoit pas bonne intention , vient malgré lui au fecours de fa fille ; il femble que ce foit la Providence qui le guide ; le temps auroit pû effacer toutes les traces de ce qui s'étoit paffé le 28 Octobre 1686. depuis neuf heures jufqu'à midi ; il a la précaution de les faire écrire dans un Acte autentique pour en conferver la preuve , & la faire paffer à la pofterité.

Suppofons qu'il n'y eût point eu d'Acte , & néanmoins que tout ce qui eſt écrit dans l'Acte fût arrivé , il y auroit eu une efpece d'impoffibi-lité que la Demoifelle Ferrand en eût été inftruite ; fi elle l'eût été , elle feroit dans la neceffité de les alleguer , & de demander permiffion d'en faire la preuve : les Témoins font , la femme qui a porté l'enfant , le man-diant , la mandiante dont elle étoit accompagnée , le Clerc des Baptê-mes , le Curé , tous font morts , la Demoifelle Ferrand auroit été réduite à argumenter d'un Extrait dans lequel les noms du pere & de la mere ont été laiffez en blanc ; c'eſt alors que Madame la Prefidente Ferrand fe fe-roit fait un rempart de fon argument favori. C'eſt à vous à prouver , au-roit-elle dit à fa fille , *doce.* Je fuis accouchée d'une fille ; fi vous préten-dez l'être , *doce* ; quand vous aurez prouvé , je vous reconnoîtrai. En l'état où font les chofes , fi elle perfifte à demander de plus grands éclair-ciffemens , ce qu'elle allegue degenere dans un veritable defaveu , & ce-pendant elle declare avec une efpece d'ingenuité , qu'elle ne prétend point defavouer fa fille ; c'eſt la defavouer , fi elle ne fe rend pas , fi elle réfifte plus long-tems à des veritez auffi lumineufes.

Dira-t-elle qu'il ne fuffit pas à la Demoifelle Ferrand de prouver qu'elle a été baptifée fur la Paroiffe de S. Sulpice , qu'elle doit prouver dans quel lieu elle a été mife en nourrice : rempliffez ce vuide , lui dit-elle , *doce.*

Eft-ce à la fille ou à la mere à remplir ce vuide ?

Le premier foin de Madame la Prefidente Ferrand , auffi-tôt qu'elle a été accouchée , a été le fpirituel , elle a fatisfait à ce que la Religion exigeoit d'elle, elle a fait porter l'enfant à l'Eglife de S. Sulpice avec un billet qui indiquoit le pere & la mere.

Le fecond foin qui a été un devoir de la nature, a été de mettre fa fille entre les bras d'une nourrice; c'est à la mere qui convient d'être accouchée, à le déclarer; il y a de l'indecence & de l'abfurdité de fe faire un moyen contre fa fille qui ne fe fouvient pas d'un fait dont il est impoffible qu'elle ait eu connoiffance. Madame la Prefidente Ferrand n'a pas oublié fa groffeffe, fon accouchement, elle n'a pas dû oublier le lieu où fa fille a été mife en nourrice.

Qu'elle ne fe faffe point un moyen des divifions qui ont alors troublé la tranquillité de fon mariage, de l'Ordre en vertu duquel elle a été conduite & enlevée à l'Abbaye de Lo; on lui a laiffé le tems de faire baptifer fa fille, de la mettre en nourrice, & de fe relever. Le voyage à l'Abbaye de Lo est pofterieur au moins de trois femaines à fon accouchement, l'enfant pendant cet intervalle n'a point été fans nourrice; ce n'est point à la fille; c'est à la mere à le declarer, à remplir ce vuide dont il est ridicule qu'elle fe faffe un moyen contre fa fille, avec d'autant plus de raifon que l'accouchement est confiant, qu'il est prouvé non-feulement par fon aveu, mais encore par l'Acte fignifié par M. le Prefident Ferrand au Curé de S. Sulpice; qu'enfin l'exifience de fa fille ne peut être combattue que par la preuve qu'elle n'exifte plus; les Regiftres publics infiruifent de la naiffance, la ceffation de l'exifience doit être écrite dans les Regiftres; tant qu'on ne prouvera pas qu'elle est morte, il est certain qu'elle est vivante.

Ajoutons que Madame la Prefidente Ferrand convient qu'elle a eu foin d'une fille depuis 1692. jufqu'à prefent. A quelle autre qu'à fa fille peuvent s'appliquer non-feulement les dépenfes, mais encore les attentions, les embarras, les inquiétudes de Madame la Prefidente Ferrand? Tant qu'a vécu M. le Prefident Ferrand elle étoit réduite à une penfion de 4000 liv. à peine avoit-elle, on ne dira pas de quoi foutenir fon état, mais de quoi vivre avec décence fuivant fa condition; la mere réduite à fe priver de fon neceffaire, a fourni la fubfiftance à une fille, c'étoit donc fa fille à qui elle donnoit les alimens, ce n'étoit pas par un motif étranger à la nature, elle ne la voyoit point; elle fubiffoit cette charge myfterieufement, payoit penfion, entretien, tant en fanté qu'en maladie, rembourfoit les memoires exactement, envoyoit du linge, des habits, même les petites parures qu'on ne refufe pas aux jeunes Demoifelles qui font dans les Couvens; Madame la Prefidente Ferrand étoit mere, elle acquittoit une dette naturelle. N'est-ce pas comme mere qu'elle a refufé de confentir que fa fille fût Religieufe? elle n'envifageoit pas ce qu'il lui en eût couté, le payement de la dot auroit été une charge moins pefante.

En vain a-t-elle prétendu colorer toute fa conduite & rejetter tout ce qu'elle a fait fur la bâtarde dont elle a fait prefent à fon frere, dont l'exiftence n'est pas prouvée, que lui-même n'a pas connue; cette fable qui est uniquement l'ouvrage de fon efprit, dont elle est l'inventrice, a été accompagnée de circonftances fi abfurdes, qu'avec tout fon efprit elle n'a pû la rendre vrai femblable.

En cet état on ne peut prendre que l'un de deux partis, où faire droit
fur

fur la Requeſte de la Demoiſelle Ferrand, ou juger définitivement.

Il n'y a aucun riſque de juger définitivement. La Demoiſelle Ferrand prouve depuis le moment de ſa naiſſance juſqu'à preſent ; Madame la Preſidente Ferrand convient des 44 ou 45 dernieres années ; elle avoue que celle qui paroît eſt celle qu'elle a fait conduire à Rodez, dont elle a eu ſoin juſqu'en 1735. le doute ne peut tomber que ſur les cinq ou ſix premieres années, dont trois ou quatre ſont remplies par le tems où la Demoiſelle Ferrand a été en nourrice & en ſevrage : exigera-t-on d'elle qu'elle prouve ces années, dont il eſt impoſſible qu'elle ait eu connoiſſance ?

Ce n'eſt que ſurabondamment qu'elle demande la preuve des deux années paſſées à Melun, d'où elle a été enlevée par la Femme de chambre de Madame la Preſidente Ferrand pour être conduite à Rodez. La Demoiſelle Ferrand articule qu'elle a été à Melun juſqu'à la fin de 1692. Madame la Preſidente Ferrand qui s'eſt chargée du voyage de Rodez, tâche de jetter des doutes ſur le ſejour de Melun dont elle eſt convenue dans ſon interrogatoire, ſans alleguer en quel lieu la Demoiſelle Ferrand étoit auparavant.

On auroit peine à concevoir le motif des premiers Juges, ſi on ne ſçavoit pas qu'étant au nombre de huit, le partage des opinions a donné lieu à l'appointement.

SECONDE PARTIE CONTRE LES COLLATERAUX.

Comme la Cauſe de Madame la Preſidente Ferrand & des Collateraux eſt au fond la même, on trouvera dans cette ſeconde Partie des réponſes aux objections de Madame la Preſidente Ferrand.

Si la Demoiſelle Ferrand prouve contre Madame la Preſidente Ferrand qu'elle eſt ſa fille, ceſſera-t-elle de l'être contre des Collateraux, parce qu'ils ont interêt de conſerver les biens dont ils ſe ſont emparés au préjudice de la veritable heritiere à qui par la loy du ſang ils ſont deferez ? leur poſſeſſion n'eſt pas ancienne, la ſucceſſion de M. le Preſident Ferrand eſt ouverte en 1723. il y a beaucoup d'apparence qu'elle eſt abſorbée pour la plus grande partie par les creances de Madame la Preſidente Ferrand ; la ſucceſſion de M. Ferrand eſt ouverte en 1731. la Demoiſelle Ferrand y a une part ; c'eſt pour la lui enlever qu'ils s'efforcent de la rejetter de la famille.

Ils ont interêt, mais un interêt ne renverſera pas des veritez prouvées & avouées par Madame la Preſidente Ferrand.

Ils combattent, ou plutôt ils chicannent ſur les preuves de ſa filiation, ils citent deux paſſages de Menochius, ils adoptent les chimeres qu'oppoſe Madame la Preſidente Ferrand, ils entreprennent ſa défenſe, ils s'efforcent de la juſtifier, ils accuſent la fille de manquer de reſpect à ſa mere ; ils finiſſent par une injure capitale qui tombe bien plus ſur la mere que ſur la fille.

Les preuves de filiation que rapporte la Demoiſelle Ferrand conſiſtent dans ſon Extrait baptiſtaire, dans l'Acte reçû par Carnot, dans les alimens, & encore plus dans la façon myſterieuſe qui a été pratiquée pour les lui fournit, dans les réponſes de Madame la Preſidente Ferrand.

La premiere preuve eſt l'Extrait baptiſtaire tiré des Regiſtres de S.

C

Sulpice ; s'il étoit seul, il faudroit chercher, & on parviendroit avec peine à trouver les noms du pere & de la mere qui ont été laissez en blanc ; mais joint à l'Acte de Carnot, on ne peut se dispenser de le considerer comme si Michelle qui a été baptisée, avoit été qualifiée fille de Messire Michel Ferrand & de Dame Anne de Bellinzani sa femme.

On commencera par la forme, & par ce que l'Ordonnance a dit que *les preuves de l'âge, du mariage & du decès seroient reçûes par des Registres en bonne forme qui feront foi & preuve en Justice ;* on objecte que la même prérogative n'est pas accordée aux Actes devant Notaires, & on en conclud qu'on ne doit avoir aucun égard à l'Extrait baptistaire où les noms du pere & de la mere ont été laissez en blanc, ni à l'Acte reçû par Carnot, par la raison que la filiation étant de droit public, on doit rejetter toutes les preuves qui ne sont pas de la qualité de celles qu'exige l'Ordonnance.

La Demoiselle Ferrand pourroit se dispenser de répondre à une objection dont au premier coup d'œil le faux se découvre si évidemment.

L'Ordonnance a indiqué comme une preuve ordinaire celle qui résulte des Registres publics en bonne forme, mais elle n'a pas rejetté les autres preuves, & il auroit été absurde qu'elle les eût rejettées. On a laissé en blanc sur le Registre les noms du pere & de la mere, cette obmission deviendra irréparable, l'enfant sera privé de son état à perpetuité, parce que l'Ordonnance exige cette espece de preuve, & que la filiation étant de droit public, aucune autre preuve ne peut être admise. C'est au contraire parce que la filiation est de droit public, que l'état des enfans ne peut souffrir d'un Acte informe, *ob tenorem instrumenti malè concepti,* que les pere & mere ni autres n'ont point droit de rien entreprendre qui puisse préjudicier à l'état qui est de droit public ; il faut recourir à d'autres preuves pour découvrir la verité, & pour corriger l'erreur ou l'obmission.

Les critiques contre l'Acte de Carnot ne sont pas plus judicieuses. M. le President Ferrand n'auroit pû l'attaquer. L'Acte doit produire le même effet contre ceux qui aspirent à sa succession. Dans cet Acte M. le President Ferrand paroît se plaindre : De quoi ? il a appris qu'on veut lui supposer un enfant ; il prie le Curé d'y avoir attention.

Le Curé lui rend compte exactement de ce qui vient d'arriver, & qu'en effet on a presenté une fille pour être baptisée, avec un Billet indicatif de son nom & du nom de Madame sa femme. M. le President Ferrand n'ajoute pas foi legerement à ce qui lui est dit, il se fait representer le Registre, il ne peut douter que l'Extrait où l'on a laissé en blanc les noms du pere & de la mere ne s'applique à l'enfant qui a été presenté pour être baptisé en son nom ; il ne nie pas le fait, & il se retire ; il a donc eu connoissance du fait, & si l'Acte paroît, il a mis les choses au même état que s'il avoit été dénommé dans l'Extrait Baptistaire ; les noms du pere & de la mere ont été remplis contradictoirement avec lui.

Mais, dit-on, cela ne suffit pas, la qualité d'enfant est une qualité relative, il faut que dans cette preuve il entre quelque chose qui procede de ceux ausquels cette qualité soit relative, il peut arriver qu'un enfant soit presenté au Baptême sous d'autres noms que ceux du pere & de la mere.

Ainfi donc tous les enfans, dont les peres font abfens, pourront être defavouez impunément. Voilà où conduit l'argument.

Mais quand le pere eft abfent, ou qu'il n'a pas jugé à propos d'accompagner fon enfant à l'Eglife, il fuffit pour écarter tous les doutes qu'il foit prouvé, qu'il ait fçû que l'enfant a été prefenté comme étant à lui ; cette circonftance équipole à fa fignature.

Dira-t'on que M. le Prefident Ferrand n'a eu connoiffance du fait que comme d'une injure, & qu'ayant reconnu le bon office que lui avoit rendu le Curé de Saint Sulpice, il a eu raifon de fe retirer fans rien dire de plus ?

M. le Prefident Ferrand, le 29 Mars, fept mois auparavant, s'étoit feparé volontairement d'avec fa femme ; il n'eft pas à prefumer qu'il ait alors ignoré qu'elle étoit groffe ; il apprend au mois d'Octobre qu'un enfant doit être baptifé fous fon nom à Saint Sulpice ; il va trouver le Curé, il étoit plus court d'aller chez fa femme pour s'en informer ; il avoit, fuivant l'Acte du 29 Mars, la liberté de la vifiter ; il auroit été affuré du fait ; le Curé de Saint Sulpice le lui certifie ; il ne le nie pas ; il ne fait pas même la plus legere proteftation ; il reconnoît par confequent la verité de tout ce qui eft dans l'Acte de Carnot.

La Demoifelle Ferrand pourroit fe difpenfer d'aller plus loin. Madame la Prefidente Ferrand convient d'être accouchée d'une fille ; dans le même temps un enfant eft prefenté à Saint Sulpice pour être baptifé fous le nom de fille de Monfieur & Madame Ferrand ; M. le Prefident Ferrand a fçu le fait, & il auroit voulu fupprimer l'Acte qui prouve qu'il en a eu connoiffance ; ce qui auroit pû être pratiqué depuis n'auroit pû préjudicier à l'état dont de l'aveu ou de la connoiffance de fon pere & de fa mere, elle a été en poffeffion, parce que l'état qui eft de droit public, eft inalienable & imprefcriptible.

Mais elle a continué d'être en poffeffion de fon état. On va le montrer.

Il faut entendre de quelle maniere un enfant eft reputé, ou peut être en poffeffion de fon état.

On ne peut pas lui imputer, s'il n'eft pas nourri & élevé dans la maifon de fon pere & de fa mere ; on ne peut pas lui imputer de n'avoir pas porté le nom de fon pere ; le mari & la femme demeuroient féparément ; fi la Demoifelle Ferrand avoit été élevée dans la maifon de fon pere, on lui diroit qu'elle ne feroit pas en poffeffion de fon état par rapport à fa mere ; fi elle avoit été élevée dans la maifon de fa mere, on lui diroit que fon pere ne l'auroit pas reconnue ; l'objection feroit abfurde ; ce qu'ils alleguent ne l'eft pas moins.

Elle a été élevée dans des Couvens, c'eft Madame la Prefidente Ferrand qui a eu foin de l'y faire conduire, de payer fa penfion, & de lui fournir ce qui lui a été neceffaire, tant en fanté qu'en maladie.

Voilà une preuve de filiation & de poffeffion d'état, fuivant Menochius dans l'endroit cité par nos Adverfaires, où il raffemble differentes circonftances ; la premiere, eft lorfque l'enfant eft né d'un mari & d'une femme demeurans enfemble, *ex viro & uxore fimul commorantibus* ; la feconde, eft s'il a été traité comme enfant, *fic à patre habitum fuiffe & tractatum.* Menochius rapporte encore d'autres circonftances, mais il ne prétend pas que pour établir la filiation il foit neceffaire qu'elles foient toutes réunies ; il refoud le contraire , *hâc tamen in re animadvertere folemus neceffe minime effe relata omnia fic deduéta probare , nam alterum ex eis probare fufficit.*

La Demoifelle Ferrand eft née *ex viro & uxore fimul commorantibus* ; la Tranfaétion du 29 Mars 1686. énonce que le mari & la femme demeuroient *enfemblement* ; la Demoifelle Ferrand a vêcu aux dépens de Madame la Prefidente Ferrand , & c'eft elle qui a fourni les deniers de deux penfions viageres de 600 liv.

Que répondent les collateraux ? Ils avouent que *traétatu probatur filiatio* ; mais il faut, fuivant l'avis de Menochius, que l'éducation foit proportionnée à l'état d'enfant legitime ; car des alimens fournis à un enfant d'ailleurs inconnu, qui n'auroient point de rapport avec le traitement qui conviendroit à un enfant legitime, ne pourroient adminiftrer une préfomption de filiation.

En premier lieu , on fait dire à Menochius ce qu'il n'a pas dit, des alimens qui peuvent être attribuez à un motif de charité , *non afferunt concludentem probationem* , ne forment point une preuve concluante. Menochius n'a point dit qu'ils n'adminiftrent point une préfomption de filiation.

En fecond lieu , il s'agit de connoître le motif qui a fait agir celui qui a fourni les alimens. La Religion oblige de fecourir les malheureux ; on foulage un inconnu, il n'en faut pas tirer la confequence de la paternité ; mais comment diftinguera-t'on ce motif? *Quando is traétatus fonaret potius in caufam pietatis , quàm filiationis , utpote in eo qui fimpliciter alimenta præftitit , & ratio quæ in alteram caufam quam filiationis præftari potuerunt, non afferunt concludentem probationem.* C'eft , felon Menochius, quand il n'y a eu que de fimples alimens fournis , & qu'on peut les attribuer à une autre caufe qu'à la paternité, *in eo qui fimpliciter alimenta præftitit quæ in alteram caufam quam filiationis præftari potuerunt.*

La queftion propofée par Menochius eft dans le cas où la filiation eft prouvée uniquement par les alimens fournis, *traétatu.* La Demoifelle Ferrand conçue , & par confequent réputée née dans la maifon paternelle , a été prefentée au Baptême comme fille legitime de Monfieur & Madame Ferrand , & quoique leurs noms ayent été laiffez en blanc fur le Regiftre, le blanc fe trouve rempli par l'Aéte fignifié le même jour par M. le Prefident Ferrand , comme on l'a prouvé.

La Demoifelle Ferrand a vêcu depuis qu'elle eft au monde aux dépens de Madame la Prefidente Ferrand. Quel motif autre que la qualité de mere a pû la faire agir? Dira-t'on que les alimens n'ont point eu de rapport avec ceux qui auroient été fournis à une fille legitime. La réponfe eft prompte. M. le Prefident Ferrand n'étoit pas dans un état d'opulence, Madame la Prefidente Ferrand étoit réduite à une penfion alimentaire de 4000 livres, elle faifoit ce qui étoit en elle pour donner myfterieufement le neceffaire à une enfant qu'elle ne connoiffoit pas, qu'actuellement elle n'a jamais vûe.

Venons à fes défenfes & à l'Interrogatoire , & aux preuves qui en réfultent.

Les collateraux rejettent cette efpece de preuve. Ils foutiennent que
les

les declarations des prétendus pere & mere, dans le cours des contesta-
tions, n'adminiftrent point aux enfans des preuves convainquantes de leur
état, & ils fe fondent fur la Loy 14. Cod. *de probationibus non nudis affe-*
verationibus, non ementitâ profeffione, & fur une Sentence des Requêtes
du Palais qui n'a point eu d'égard à une declaration qui n'a pas été reconnue veritable.

On comprend où tend cette queftion. La Demoifelle Ferrand n'eft pas
affez heureufe, pour que Madame la Préfidente Ferrand déclare la reconnoître, mais les collateraux envifagent ce qu'elle a répondu dans fon interrogatoire, comme un langage qui équipolle à une reconnoiffance; ils
ne fe trompent pas dans le fait, ils croyent fe fauver par le principe de
droit qui eft ici fans application.

Madame la Préfidente Ferrand a dit par fes défenfes, qu'elle avoit eu
quatre enfans. La fille dont elle dit être accouchée le 28 Octobre 1686.
eft le quatriéme enfant, elle a repeté le même fait dans fon interrogatoire;
mais cette grande & importante verité, elle l'a embarraffée, elle l'a cou-
verte de nuages. Je fuis accouchée d'une fille : qu'eft-elle devenue ? *on m'a*
dit qu'elle étoit morte. Dans quel temps, dans quel lieu, de quelle maladie ?
je n'en fçai rien : vous avez eu foin d'une fille depuis qu'elle eft née ; la
mort de cette fille dont vous êtes accouchée n'étant point prouvée, il faut
que celle qui paroît, qui a toujours été à votre charge, foit néceffaire-
ment votre fille. Par quelle autre raifon vous feriez-vous impofé cette
charge ? *Je ne l'ai connue que comme la bâtarde de mon frere, dont la Dame*
de Bellinzani ma mere avoit d'abord pris foin, qu'elle m'a recommandée en mou-
rant, pour laquelle elle m'a remis la fomme de 10000 *liv.* Il eft fi peu vrai
qu'elle ait été la bâtarde de votre frere, que lui-même avoit conçu le def-
fein de la marier avec fon fils, qu'il reconnoiffoit être la Demoifelle
Ferrand ; *cela ne m'étonne point, il ne fçavoit pas lui-même avoir cette*
bâtarde.

Si ce ne font pas précifément les termes, c'eft le fens des réponfes de
Madame la Préfidente Ferrand. Nos adverfaires l'adoptent, mais comme
ils en fentent & le faux & le ridicule, ils ne jugent pas à propos de convenir de l'accouchement, parce que les déclarations des prétendus pere
& mere dans le cours du Procès fur l'état, ne font d'aucun poids.

En premier lieu, ce tour ingenieux prouve que Madame la Préfidente
Ferrand a dit vrai ; c'eft-à-dire, que fi l'accouchement eft certain, tout ce
qui eft oppofé à Madame la Préfidente Ferrand, a autant de force contre
les collateraux, que contre elle-même.

2°. La Demoifelle Ferrand eft-elle dans le cas de la Loy 14. Cod. *de pro-*
bationibus ? L'aveu de la mere eft-il ici *nuda affeveratio, ementita profeffio ?*
Sa déclaration n'eft pas unique, on ne peut pas l'accufer ni la foupçonner
d'avoir menti : juftifions-la de ce reproche malgré elle-même, de ce reproche qu'elle voudroit avoir merité. La preuve qu'elle eft accouchée le
27 ou 28 Octobre eft, que le 28 Octobre fur les neuf heures du matin
elle a envoyé fa fille à S. Sulpice pour y être baptifée, avec un billet où
étoient écrits fon nom & le nom de fon mari. La preuve que celle qui
portoit l'enfant prefenta le billet, eft dans l'Acte où l'on en rend compte
à M. le Préfident Ferrand. La preuve que M. le Préfident Ferrand a recon-

D

nu la verité de tous les faits écrits dans l'Acte eſt qu'il n'en a contredit aucun, & ils étoient d'une telle eſpece, & ſi intereſſans pour lui, qu'il n'auroit pas manqué de les nier, s'ils n'avoient pas été de ſa parfaite connoiſſance.

Nous ne ſommes donc point dans le cas *nudæ aſſeverationis, vel ementitæ
profeſſionis.* La Sentence citée par les collateraux, ne leur eſt pas plus favorable.

Un mari, nous ne le nommerons point, furieux contre ſa femme &
ſa fille unique, veut introduire une étrangere dans ſa famille, il agit d'in-
telligence avec elle ; la mere qu'on deshonore, ſa fille à qui il veut donner
pour ſœur une avanturiere, combattent ſa declaration ; elle eſt reconnue
fauſſe, on lui fait l'injure de lui en donner acte, & on n'y a point d'égard.

Paſſons à un autre point.

Quand Madame la Preſidente Ferrand dit qu'elle eſt accouchée d'une
fille le 28 Octobre 1686. les collateraux ne veulent pas lui faire l'honneur de la croire ; quand elle applique les ſoins qu'elle a eu de ſa fille à une
prétendue bâtarde de ſon frere, qui n'a jamais exiſté, elle doit être crue ;
les faits le plus vrais, les faits les plus circonſtanciez, les faits les mieux
prouvez, ſont faux, quand ils ne s'accordent pas avec l'interêt de ces
Meſſieurs ; les faits qui ſont faux, qui pechent même par la vraiſemblan-
ce, ſont vrais. Madame la Preſidente Ferrand a dit, ſans oſer l'affirmer,
que ſa fille eſt morte ; il faut la croire. Madame la Preſidente Ferrand a
dit, auſſi ſans l'affirmer, que celle dont elle a eu ſoin eſt la bâtarde de ſon
frere ; il faut la croire. Si elle dit qu'elle eſt accouchée, c'eſt un menſonge, ou du moins ſi c'eſt la verité, elle ne peut leur préjudicier.

Mais dans le nombre des faits qui prouvent la maternité de Madame
la Preſidente Ferrand, il y en a un capital. La Demoiſelle Ferrand a demandé avec inſtance de faire profeſſion dans le Monaſtere de S. Aubin,
elle a poſtulé pendant ſept ans ; de quel droit Madame la Preſidente Ferrand, qui dit que la Dame de Bellinzani lui avoit remis entre les mains la
ſomme de 10000l. deſtinée à l'entretien & à l'établiſſement de la bâtarde
du ſieur de Bellinzani, a-t'elle refuſé de conſentir qu'elle fîſt profeſſion
dans un Monaſtere qui la ſouhaitoit ? Madame la Preſidente Ferrand, article
36 de l'Interrogatoire, convient qu'elle ne l'a pas voulu ; elle répond
qu'elle a eu du ſcrupule que la vocation ne fût précipitée, c'eſt une preuve
de ſes bontez, de ſes attentions ; *ce parti eût été plus favorable que de fournir
à la ſubſiſtance, à des frais, à l'embarras que les differentes variations &
les changemens de Couvens ont cauſez.*

Non, ce refus ne vient ni du ſcrupule, ni des bontez, ni des affec-
tions de Madame la Preſidente Ferrand. Nous en avons cherché la cauſe,
& nous ne feindrons point de la repeter, ce ſcrupule, ces bontez, ces
attentions n'ont point été pour une bâtarde que Madame la Preſidente
Ferrand n'a jamais voulu voir ; c'eſt ſur ſa fille qu'elle a exercé cette au-
torité ; l'évenement a fait connoître qu'elle n'a point agi par un principe
d'affection maternelle ; M. le Preſident Ferrand vivoit, dans l'ordre de la
nature elle devoit le ſurvivre, elle a voulu être en état de contenir les
parens collateraux de ſon mari en les menaçant de faire paroître ſa fille ;
c'eſt une reſſource dont elle a cru qu'il étoit de ſon interêt de ne ſe pas

priver. On les défie d'imaginer un autre motif ; ni eux, ni Madame la Prefidente Ferrand n'ont pû y parvenir,

Que répondent-ils ? C'eſt un outrage qu'on fait à Madame la Preſidente Ferrand & à eux , ils viennent de l'accuſer de menſonge ; on va voir inceſſamment qu'ils lui feront une injure beaucoup plus grave. Madame la Preſidente Ferrand n'a point été capable d'avoir des vûes auſſi baſſes ; & à leur égard , pour qui les prend-t'on ? A-t'on pû ſe flatter de les ſéduire par l'appas d'une ſucceſſion collaterale , & de les rendre plus traitables , en leur faiſant entrevoir une fille de leur frere , dépouillée de ſon état , que l'on pourroit ſubitement faire rentrer dans tous ſes droits ?

Leur attention à ſe juſtifier d'un reproche qui ne tombe point ſur eux, eſt admirable ; c'eſt un détour imaginé pour avoir occaſion de faire leur éloge , il eût été plus convenable de choiſir un autre ſujet que le deſintereſſement.

Quel motif autre que l'interèt les fait agir ? N'eſt-ce pas par interèt qu'ils ſe ſont joints à Madame la Preſidente Ferrand, dont juſqu'au Procès en queſtion ils ont été diviſez ? La ruine de la Demoiſelle Ferrand eſt le titre de leur union. Leur interèt a dicté & a arrangé leurs moyens ; leur interèt eſt leur regle unique , ſoit pour avouer, ſoit pour nier ce qui eſt dit par Madame la Preſidente Ferrand.

Si un autre motif les faiſoit agir, que leur faudroit-il de plus pour les éclairer ?

L'Extrait baptiſtaire en matiere de filiation eſt la plus autentique de toutes les preuves, quoiqu'il y ait des cas où par les circonſtances elle puiſſe être dangereuſe ; mais ſi la naiſſance a été connue du pere, ou ſi l'Extrait baptiſtaire a été ſuivi de la poſſeſſion d'état, la preuve eſt complette, il n'y a plus rien à deſirer.

La Demoiſelle Ferrand prouve , autant qu'il eſt en elle, la poſſeſſion de ſon état ; la preuve tirée de la poſſeſſion jointe à un Extrait baptiſtaire contradictoire avec M. le Preſident Ferrand, eſt même ſurabondante ; s'il eſt vrai, (& comment révoquer en doute ce principe) que tous les efforts pratiquez contre un enfant, qui en voyant la lumiere eſt entré en poſſeſſion de ſon état, ſoient impuiſſans pour le lui enlever, puiſqu'il eſt inalienable & impreſcriptible.

Un enfant qui naît ne peut pas ſçavoir qui il eſt ; il n'eſt pas le maître ni d'être élevé dans la maiſon paternelle, ni de paſſer des Actes. C'eſt par cette raiſon que les Juriſconſultes, & ſinguliérement Menochius, ont dit que la filiation ſe prouve *per denominationem , per tractatum , per famam.*

Le nom d'un enfant eſt dans les Regiſtres, le pere n'a point ſigné, l'enfant n'a point été élevé dans ſa maiſon, il n'a point été appellé par ſon nom, mais le mari ou la femme, ou l'un & l'autre lui ont fourni des alimens ; les alimens fournis forment la preuve de la poſſeſſion d'état.

La cauſe de la Demoiſelle Ferrand n'exigeroit pas un plus grand éclairciſſement, quoique la dénomination lui ait manqué, & que ſon pere & ſa mere n'ayent voulu ni la voir ni lui écrire. Elle n'a, ſe recrie-t-on, ni papiers domeſtiques, ni la moindre Lettre. Non. Mais elle juſtifie qu'on n'a pas voulu lui adminiſtrer ce genre de preuve. Peut-on ſe faire un moyen des précautions qui ont été priſes contr'elle ? elle a l'avantage que dans le prin cipe les mesures ont été mal prises; elle n'a pourtant pas été traitée comme une inconnue, il a été pourvû à sa subsistance; si les pere & mere n'ont pas fait tout ce qu'ils ont dû, ce n'est que sur eux que doit tomber le reproche de ce qu'ils n'ont pas fait, ce qu'ils ont fait est une preuve contr'eux; un debiteur qui ne paye sa dette qu'en partie, n'est pas moins debiteur.

Mais, dit-on, par rapport à M. le President Ferrand, la Demoiselle Ferrand n'ose pas même articuler qu'il ait jetté sur elle aucun regard depuis 1686. jusqu'à sa mort arrivée au mois de Septembre 1723. ce qui fait un espace de 37 ans; il ne faudroit que cette seule circonstance pour imposer silence à la Demoiselle Ferrand.

On entend où conduit l'objection, les Collatereaux n'ont osé la proposer par écrit : ils ont dit à l'Audience que la Demoiselle Ferrand pouvoit être fille de Madame la Presidente Ferrand, sans qu'on en puisse tirer la consequence qu'elle soit fille de M. le President Ferrand.

Nous conviendrons que la Demoiselle Ferrand ne prouve point, que même elle n'allegue point que M. le President Ferrand ait jamais jetté aucun regard sur elle; nous employerons contre elle objection la réponse de Madame la Presidente Ferrand à l'article 8. de son Interrogatoire.

Après la lecture de l'Acte reçû par Carnot.

A elle demandé si depuis son accouchement M. le President Ferrand n'a pas eu soin d'envoyer ou faire envoyer à l'enfant dont il s'agit les choses qui lui étoient necessaires.

A répondu que cette question est étonnante après la lecture de l'Acte ... Le commentaire sur ce texte ne sera pas long. M. le President Ferrand est instruit que sa femme vient d'accoucher, il a paru pour empêcher que l'enfant ne fût baptisé sous son nom; voilà la démarche d'un pere qui ne veut pas reconnoître l'enfant : vous me demandez s'il a eu soin de lui envoyer ou faire envoyer les choses qui lui sont necessaires; Madame la Presidente Ferrand répond, cette question est étonnante après la lecture de l'Acte.

Mais parce que M. le President Ferrand n'a pas jugé à propos de reconnoître sa fille, conçue dans le tems qu'il demeuroit avec sa femme, s'ensuit-il que par rapport à lui la Demoiselle Ferrand n'ait point été en possession de son état ? elle y est entrée dans le moment que sa mere est devenue enceinte, elle a continué sa possession lorsqu'elle a été presentée au Baptême comme sa fille; la possession a été (on ne peut trop le repeter) contradictoire avec M. le President Ferrand : disons plus, elle n'a pas été par lui contredite, on lui a dit, & il n'a pas été possible qu'il ait été mieux instruit, on vient d'apporter un enfant pour être baptisé sous votre nom, & cet enfant est celui dont le nom a été laissé en blanc sur le Registre; il ne répond rien, il se retire, son silence dit tout ce qu'on peut desirer. Si l'on dit qu'un enfant baptisé n'engage point celui sous le nom duquel il est baptisé, quand il est absent, c'est parce qu'il a pû arriver qu'il n'en a pas eu connoissance; mais s'il est prouvé qu'il l'a sçû, & qu'après l'avoir sçû il soit resté dans le silence, sa conduite équipolle à sa signature.

On peut conclure de la conduite de M. le President Ferrand qu'il auroit voulu avoir un enfant de moins, le sort de la Demoiselle Ferrand n'en n'en doit pas fouffrir, il n'auroit pû fe plaindre avec fuccès, il a reconnu n'en avoir pas le droit, il n'a attaqué la mere & la fille qu'en fecret, fes armes fe font retournées contre lui.

Le laps de 37 ans écoulez depuis 1686. jufqu'à fon décès n'a point préjudicié à l'état de la Demoifelle Ferrand, puifqu'elle n'a acquis fes preuves que par la découverte de l'Acte de Carnot, & que l'état des hommes eft inalienable & imprefcriptible; c'eft un principe qui a été & fera toujours inconteftable.

Qu'on ne lui oppofe point non plus qu'elle eft en poffeffion du nom de Vigny, nom dont la Femme de Chambre de Madame la Prefidente Ferrand lui a fait préfent, après lui avoir fait porter fucceffivement les noms de Batilly & de Ballié; elle a porté le nom de Batilly à Melun, le nom de Ballié à Rodez, fans autre raifon que la volonté de Madame la Prefidente Ferrand; c'eft par fon ordre qu'on a fubftitué le nom de Vigny; on ne s'eft pas contenté de lui ôter fon nom de famille, on l'a débaptifée, on a fubftitué le nom de Marie à celui de Michelle. Pour lui oppofer ces changemens, il faudroit qu'ils euffent leur fource dans un Extrait Baptiftaire; la Demoifelle Ferrand n'a point d'autre nom que le nom de Michelle qui lui a été donné au Baptême, & le nom de Ferrand, qui eft celui de fa famille; ce font ceux qui ont dû être écrits fur les Regiftres de S. Sulpice, indiqués dans le billet dont il eft fait mention dans l'Acte de Carnot.

Finiffons par la réfutation d'une derniere objection.

Il y a de grands inconveniens d'enlever à des collateraux les biens d'une fucceffion dont ils font en poffeffion, pour les donner à une fille qui à l'âge de près de 50 ans vient reclamer un pere qui n'a point voulu la reconnoître tant qu'il a vêcu; quand elle prouveroit qu'elle eft fille de Madame la Prefidente Ferrand, il ne s'en fuivroit pas qu'elle fût la fille de M. le Prefident Ferrand.

M. le Prefident Ferrand eft mort en 1723. fi les afpirans à fa fucceffion veulent reprefenter les Actes paffez avec Madame la Prefidente Ferrand, on ne croit pas que la reftitution des fruits leur caufe un grand embarras.

La fucceffion de M. Ferrand, Doyen du Parlement, eft ouverte en 1732. la Demoifelle Ferrand y a une portion, elle a paru en 1735.

Venons à ce qu'il y a de plus férieux dans l'objection.

La Demoifelle Ferrand peut être fille de la femme fans être fille du mari. Voilà un dernier retranchement; la propofition a été annoncée devant les premiers Juges, on menace de l'approfondir en caufe d'appel.

Elle tend à deshonorer la memoire de M. le Prefident Ferrand, & Madame la Prefidente Ferrand pendant fa vie, qui par confequent devroit fe réunir avec fa fille. Elle ne juge pas à propos de le faire, c'eft à la fille à repouffer l'injure faite à fa mere; voilà une preuve fenfible de la collufion.

Autrefois on a penfé, & il ne paroît encore aucun changement dans la Jurifprudence que de la maternité prouvée, refulte neceffairement la paternité, *maritus, ergo pater*. Plus la paternité eft incertaine, obfcure, équivoque, plus il y a de neceffité à fe fixer à une regle fimple qui mette l'état des hommes hors de toute atteinte, & à l'abri des critiques odieu-

E

ſes qui troubleroient la tranquillité de toutes les familles. Une femme demeurante dans la même maiſon que ſon mari devient enceinte, le mari conſtamment en eſt le pere; & s'il étoit poſſible de renverſer cette Juriſprudence, ce ne ſeroit pas conſtamment dans la queſtion preſente, dont la déciſion eſt dans la Tranſaction du 29 Mars 1686. & dans l'Acte de Carnot.

La regle qui a ſervi de fondement à la Juriſprudence eſt auſſi ancienne que les mariages; les Romains, ces grands Legiſlateurs, n'ont pû en imaginer d'autres. Les collateraux prétendent qu'il faut faire des regles nouvelles, autre tems, autres mœurs; qu'il faut laiſſer aux peres & aux meres à décider du ſort des enfans qui naiſſent pendant le mariage; que dans ces ſortes de cauſes il eſt rare que les doutes tombent ſur la maternité, que c'eſt l'unique expedient de bannir des Tribunaux les queſtions d'état, qui deviennent trop frequentes; qu'il importe à la tranquillité publique que des inconnus qui ont été condamnez à paſſer leur vie dans l'obſcurité, ne ſe preſentent pas pour dépouiller des collateraux qui ſont en poſſeſſion; qu'enfin la Demoiſelle Ferrand doit être la premiere victime qu'ils offrent genereulement à la ſûreté publique.

Il eſt difficile d'entendre ces diſcours ſans une ſurpriſe mêlée d'indignation.

1°. La Demoiſelle Ferrand a l'avantage d'être née dans le cours d'un mariage legitime, ſa mere eſt devenue enceinte dans le tems qu'elle demeuroit avec ſon mari dans la même maiſon. Si la maternité eſt certaine, comment eſt-il poſſible de revoquer en doute la paternité?

2°. Si la maternité eſt certaine, il faut juger la Demoiſelle Ferrand fille de Madame la Preſidente Ferrand. Quel ſera ſon pere? Sera-t'elle condamnée à n'en point avoir? Les enfans nez dans le cours d'un mariage ſeront de pire état que les bâtards. Y a-t'il quelqu'un, autre que le mari de la mere, à qui l'enfant né pendant un mariage ne puiſſe appartenir?

Il eſt indiſpenſable, excepté dans le cas de l'impoſſibilité publique, de déferer à la regle *maritus, ergo pater*. La legitimité de la fille, & l'honneur du pere & de la mere y ſont inſeparablement unis, & ne peuvent être détachez.

Mettons ceci dans un plus plus grand jour. La Demoiſelle Ferrand a conclu en cauſe principale contre Madame la Preſidente Ferrand à ce qu'elle ſoit tenue de la reconnoître pour ſa fille; & attendu que la paternité eſt une ſuite de la maternité, elle a demandé que la Sentence qui interviendroit fût declarée commune avec ceux qui prétendent être les heritiers de M. le Preſident Ferrand.

Madame la Preſidente Ferrand répond, j'ai eu une fille en 1686. il n'en réſulte pas que vous ſoyez cette fille; il faut que vous prouviez l'identité, car je ne peux ſçavoir par moi-même ſi vous êtes là même dont je ſuis accouchée en 1686. (a) j'ai des raiſons invincibles (b) d'être perſuadée du contraire, ne pouvant douter de la ſincerité de la Dame de Bellinzani, ſoit dans la nouvelle qu'elle m'a donnée de la mort de ma fille, ſoit dans les confidences qu'elle m'a faites ſur votre état.

Les Collateraux adoptent ce langage; mais comme ils en ſentent la foibleſſe, ils promettent, ils annoncent une Juriſprudence future qui ne fera plus dépendre la qualité de pere de celle de mari, qui arrêtera ce torrent de questions d'état dont les Tribunaux sont inondez, qui deshonorent tout à la fois les vivans & les morts.

Nous leur répondons que si Madame la Presidente Ferrand est jugée mere, il est impossible que la paternité de M. le President Ferrand puisse être revoquée en doute.

1º. Dans le fait, il n'auroit fallu que representer à M. le President Ferrand l'Acte de Carnot pour lui fermer la bouche. On lui auroit dit, *avez-vous ignoré que votre femme étoit accouchée ? ne vous avoit-on pas dit, lorsque vous vous êtes transporté à Saint Sulpice, qu'on venoit d'apporter une fille pour être baptisée sous votre nom ? si votre nom n'a pas été transcrit sur les Registres, c'est parce que de concert avec le Curé de Saint Sulpice, vous avez cru que l'enfant baptisé sans nom de pere ni de mere ne parviendroit jamais à découvrir qui il étoit ; son état est de droit public, avez-vous pû en disposer ?* Qu'auroit répondu M. le President Ferrand ? disons aux Collateraux, *croyez-vous que le même moyen ait moins de force contre vous ?*

2º. Dans le droit, il suffit à la Demoiselle Ferrand de prouver que Madame la Presidente Ferrand soit sa mere, la paternité de M. le President Ferrand en resulte necessairement.

C'est à Madame Ferrand à repousser ce moyen injurieux qui est contre elle une accusation capitale, le mari seul auroit pû le proposer ; elle nous apprend dans son Memoire & dans son Plaidoyer que le renversement de la fortune du Sieur de Bellinzani son pere, a été pour M. le President Ferrand un coup si sensible, qu'il lui échapa des reproches & des vivacitez qui ne pouvoient pas s'excuser ; que les esprits s'aigrirent au point qu'il fallut recourir à une séparation volontaire par un Acte, dans lequel M. le President Ferrand n'a pû se dispenser de reconnoître la justice qu'il devoit à sa femme, que lors de la Transaction elle étoit grosse. Il est aisé de comprendre qu'une fille née dans des circonstances aussi fâcheuses n'a pas trouvé grace aux yeux de M. le President Ferrand.

En vain dit-on qu'il n'est pas permis de troubler les cendres d'un si grand Magistrat par une accusation de suppression d'état ; que cette accusation frape directement sur lui, & même sur les autres membres de cette famille respectable ; qu'elle les envelope tous, ou comme auteurs ou comme complices de cet attentat.

A quel propos les membres de cette famille respectable veulent-ils avoir part à un évenement auquel M. le President Ferrand ne les a point appellez ? C'est une figure outrée & artificieuse, dont l'objet est de détourner l'attention du point dans lequel l'affaire doit être renfermée. Reduisons-nous dans ce qui s'est passé entre M. & Madame Ferrand. M. Ferrand force sa femme à se plaindre, il reconnoît avoir tort ; dans le tems qu'elle est grosse il consent une séparation, elle accouche d'une fille, qui aussi-tôt est portée à l'Eglise pour y être baptisée sous le nom du mari & de la femme ; le mari paroît pour s'y opposer, le Curé l'instruit de ce qui vient d'arriver, il se retire sans nier les faits dont on vient de lui rendre compte.

M. le President Ferrand a-t'il été coupable du crime de suppression d'érat ? Croira-t'on qu'il ait voulu enlever l'état à sa fille ? Voilà une ample matiere à reflexions ; mais on ne raisonne point sur des faits prouvez, la lecture de l'Acte fait disparoître toutes les figures. La Demoiselle Ferrand n'accuse personne, elle se plaint, elle a raison de se plaindre, elle demande que son état lui soit rendu ; c'est à Madame la Presidente Ferrand qui refuse de reconnoître sa fille, c'est à ceux qui veulent conserver des successions qui ne leur appartiennent point, à s'imputer si ces faits, qui auroient dû demeurer dans l'interieur de la famille, paroissent au grand jour de l'Audiance. Sont-ce-là des preuves de leur desinteressement ? La Demoiselle Ferrrand n'est point obligée de sacrifier son état à des considerations, dont ses Adversaires, uniquement occupez de leur interêt, n'ont point été touchez.

Madame la Presidente Ferrand se croit quitte envers sa fille quand elle a opposé des chimeres à des réalitez. Je suis accouchée d'une fille, il n'en resulte pas que vous soyez celle dont je suis accouchée, il faut que vous prouviez l'identité ; si vous prouvez, je suis prête à vous reconnoî-tre ; *c'est aux Juges à peser la valeur des preuves.* J'ai des raisons pour croi-re que vous n'êtes pas ma fille ; comment le seriez-vous ? la Dame de Bellinzani m'a dit que vous êtiez morte, la Dame de Bellinzani m'a char-gée d'avoir soin d'une bâtarde, je ne puis douter de sa sincerité. Voilà ce qui remplace l'Extrait Mortuaire de la fille legitime qui est vivante, & l'Extrait Baptistaire de la bâtarde qui n'a jamais existé. Peut-on se flat-ter de donner le change par de telles illusions ? C'est un Roman imaginé depuis & à l'occasion du Procès ; en voici la preuve. La Dame de Bellin-zani est morte en 1710. alors la Demoiselle Ferrand étoit à l'Abbaye de Saint Aubin, où elle demandoit avec empressement d'être Religieuse. Madame la Presidente Ferrand dit, article 21. de son Interrogatoire, que la Dame de Bellinzani lui a remis un fonds de 10000 liv. Pourquoi Ma-dame la Presidente Ferrand lui a-t'elle refusé son agrément ? En 1711. un an après la mort de la Dame de Bellinzani, la Demoiselle Ferrand est devenue majeure, de quel droit Madame la Presidente Ferrand a-t'elle employé ce fonds de 10000 liv. à la constitution de deux pensions viage-re de 300 liv. chacune ? De quel droit a-t'elle placé à fonds perdu ? De quel droit n'a-t'elle placé qu'en 1728 ? A-t'elle dit que c'étoit des de-niers à elle remis par la Dame de Bellinzani ? Elle n'a pas même osé pa-roître dans ces constitutions.

D'un autre côté les Collateraux saisissent dans ce plan la partie qu'ils croyent convenir à leur interêt, & rejettent l'autre partie. C'est la Dame de Bellinzani qui est constituée Juge de cette importante affaire ; disons plus, ce n'est pas ce qu'elle a dit, c'est ce que Madame la Presidente Fer-rand allegue avoir été dit par la Dame de Bellinzani qui doit décider ; la Dame de Bellinzani, non dans ce qu'elle dit, mais dans ce qu'on lui fait dire, merite qu'on la croye ; *voilà des raisons invincibles.* Mais quand Ma-dame la Presidente Ferrand rendra compte de ce qui lui est personnel, ces Messieurs diront, il ne faut pas la croire. La Dame de Bellinzani a dit à Madame la Presidente Ferrand, votre fille est morte, au lieu de votre fille ayez soin de celle-ci, qui est la bâtarde de votre frere ; il faut juger qu'elle est morte, il faut mettre la bâtarde à la place de la fille legitime ;

où

où eſt l'Extrait Mortuaire ? La Dame de Bellinzani l'a dit, je l'ai crû ; nous l'avons tous cru, cela vaut bien un Extrait Mortuaire. Où eſt l'Extrait Baptiſtaire de la prétendue bâtarde ? Il eſt avec l'Extrait Mortuaire de la fille legitime. Tout eſt fondé ſur le diſcours qu'on met dans la bouche de la Dame de Bellinzani morte en 1710. & c'eſt encore Madame la Preſidente Ferrand qui la fait parler ; les Collateraux prennent tout cela pour bon & pour des veritez conſtantes.

Madame la Preſidente Ferrand dit, je ſuis accouchée d'une fille, elle en explique les circonſtances, c'eſt un fait qui la concerne perſonnellement, elle ne le dit pas d'après autrui : ils ne prétendent pas y ajouter foi ; les declarations des prétendus peres & meres dans le cours des conteſtations ſur l'état, ne ſont d'aucun poids.

Forçons l'incredulité la plus opiniâtre par la réunion des principales circonſtances.

Madame la Preſidente Ferrand a eu une fille qui a été preſentée à Saint Sulpice le 28 Octobre 1686. pour y être baptiſée. La preuve en eſt écrite dans l'aveu de Madame la Preſidente Ferrand, dans le Regiſtre, en l'état où il eſt, dans la note qui dévelope la raiſon du blanc laiſſé & barré par le Curé de Saint Sulpice. M. le Preſident Ferrand a eu connoiſſance de tous ces faits. La preuve en reſulte du même Acte, où l'on voit le deſſein qu'il avoit formé de ne point reconnoître ſa fille : & la preuve qu'il auroit ſuprimé l'Acte, s'il l'eût pû, eſt écrite dans la note qui a été ajoutée à l'Acte.

M. le Preſident Ferrand a été un grand Magiſtrat, il s'eſt vû enlever les reſſources qui avoient fondé ſon établiſſement. On ſçait combien la Magiſtrature, ſi elle eſt dénuée de biens, eſt peſante ; le chagrin qui l'a aveuglé, lui a fait fait faire des démarches peu meſurées ; Madame la Preſidente Ferrand qui n'a pas voulu l'aigrir, a pouſſé trop loin la complaiſance, elle a craint d'augmenter ſa peine, elle l'a menagé, elle a condamnée à l'obſcurité une fille qu'il ne vouloit pas reconnoître ; dans cette affreuſe ſituation exigera-t'on d'elle des preuves autres que celles que la Providence lui a reſervées, dont la principale eſt l'Extrait Baptiſtaire tranſcrit dans l'Acte reçu par Carnot ? La Demoiſelle Ferrand rend compte de tous les lieux où elle a toujours été conduite par la Femme de Chambre, confidente de Madame la Preſidente Ferrand, à Melun, à Rodez, à Nemours, à Corbeil, à S. Aubin, où elle a été Poſtulante pendant ſept ans, à Hiers, au Treſor en Normandie & aux Andelys. Madame la Preſidente Ferrand eſt convenue de tous ces Couvens dans l'article 34. de ſon Interrogatoire, *ſans néanmoins qu'elle en aſſure l'arrangement, autant qu'elle peut s'en ſouvenir.* Dans ſon Plaidoyer elle a nié Melun ; *il y a un mal entendu, elle n'a pas voulu dire que la Demoiſelle Ferrand ait été miſe à Melun en ſortant de nourrice.* Le fait eſt-il ſi difficile à prouver ? Pluſieurs Religieuſes qui l'y ont vûe ſont vivantes, les Regiſtres de Melun qui ont été compulſez en font foi. Madame la Preſidente Ferrand convient du voyage & du ſéjour à Rodez, où la Demoiſelle Ferrand a été conduite par ſa Femme de Chambre qui vit encore ; celle qui a conduit l'enfant à Rodez, eſt la même qui l'avoit conduite à Melun.

Madame la Preſidente Ferrand ſoutient que ces preuves ſeront inſuffi-

F

santes, elle s'oppose à la preuve teſtimoniale qui remplira les vuides qui font ſon unique reſſource.

Elle a une fille, elle ne veut pas croire que celle qu'elle avoue avoir été à ſa charge pendant 45 ans ſoit ſa fille, & cependant elle n'a pas voulu affirmer ſur ce fait ; elle veut ſe perſuader & perſuader les autres qu'elle eſt morte. On lui répond, où eſt l'Extrait Mortuaire ?

* Page 32. du Plai-doyer.

De quel droit, * dit-elle, demande-t'on cette juſtification ? parce que j'ai eu une fille en 1686. il ſera donc libre à la premiere inconnue de ſe preſenter pour occuper cette place dans ma famille ? non. La premiere inconnue ne ſera pas reçue à ſe dire la fille de Madame la Preſidente Fer-rand ; mais celle qui ſe preſente ne lui eſt pas inconnue, c'eſt celle qui, ſelon elle-même, eſt à ſa charge depuis 45 ans, & elle ne doit pas être écoutée dans la fable abſurde qu'elle a forgée, d'un bâtarde imaginaire, dont elle n'oſeroit même affirmer l'exiſtence.

La Demoiſelle Ferrand à l'âge de 3 ou 4 ans eſt entrée dans le Couvent des Annonciades de Melun en 1690. elle en eſt ſortie pour être condui-te à Rodez, où elle eſt arrivée au mois de Janvier 1693. Il s'agit d'éclair-

* Page 31. du Plai-doyer.

cir ce fait. Madame la Preſidente Ferrand s'y oppoſe. * *Vous auriez mille Témoins qui dépoſeroient qu'ils croyent que la fille miſe en Couvent à Melun, eſt ma fille, dont je ſuis accouchée en 1686. que je rejetterois leur ſuffrage, parce que je ne dépends point de leur opinion.*

Il n'y a pas une extrême bonne foi dans ce détour ; c'eſt éluder l'objection, ce n'eſt pas y répondre. Les Témoins dépoſeront que celle qui a été tirée de Melun à la fin de 1692. eſt celle qui eſt arrivée à Rodez au commencement de 1693. Madame la Preſidente Ferrand con-vient que celle qui eſt arrivée à Rodez en 1693. eſt la même, que celle qui ſe preſente aujourd'hui, & de cette preuve il reſulte que Madame la Preſidente Ferrand a continué de faire à Rodez ce qu'elle avoit fait à Me-lun. Elle nous dit, vous avez deux faits à prouver ; le premier, que j'ai eu une fille en 1686. le ſecond, que celle qui paroît eſt celle dont je ſuis accouchée en 1686. Le premier fait eſt prouvé, le ſecond conſiſte dans l'identité. Elle eſt avouée depuis 1693. elle ſera juſtifiée depuis 1690. Il ne ſera donc plus queſtion que d'un vuide de trois ans & quelques mois, depuis la fin d'Octobre 1686. juſqu'au mois d'Août 1690.

Madame la Preſidente Ferrand ne prétend pas que la preuve ſoit inad-miſſible, mais qu'elle ſera inſuffiſante, parce que le tems depuis 1686. juſqu'en 1690. ne ſera pas rempli. Mais c'eſt à elle à remplir ce vuide, c'eſt à elle à montrer où la fille dont elle eſt accouchée en 1686. a été miſe en nourrice & en ſevrage.

Le piege n'eſt pas difficile à découvrir : la Demoiſelle Ferrand a fait plaider qu'on lui a dit qu'elle a été miſe en nourrice à Puiſeaux. Madame le Preſidente Ferrand a nié le fait, mais ſans indiquer un autre lieu, quoi-qu'elle ne puiſſe l'ignorer ; elle voudroit engager ſa fille à poſer affirmati-vement un fait dont elle ne peut avoir connoiſſance.

Tout eſt contre Madame la Preſidente Ferrand, tout eſt en faveur d'une fille dont au moment de ſa naiſſance on a conſpiré d'enlever l'état, qui a été élevée avec myſtere, à qui Madame la Preſidente Ferrand a fait porter differens noms, qu'elle a fait errer de Couvens en Couvens, &

néanmoins qu'elle n'a pas ofé abandonner ; c'eſt ſa fille qui ſe preſente ,
parce qu'il eſt impoſſible qu'elle ne la ſoit pas ; c'eſt à Madame la Preſidente Ferrand d'en rendre compte ; c'eſt à elle à prouver que ſa fille eſt
morte, ou il faut dire que tout ce qu'elle avoue avoir fait depuis quarante-
cinq ans ne peut s'appliquer qu'à la fille née en 1686.

La prétendue bâtarde dont elle ſe ſait un rempart, eſt un Roman ridicule dans tout ce qu'il contient ; elle reconnoît néanmoins qu'il lui a
été neceſſaire, c'eſt la ſeule iſſue qu'elle a pû imaginer ; cette bâtarde ,
puiſqu'elle n'a jamais exiſté, ne peut remplacer ſa fille, qu'elle eſt obligée
de repreſenter ; elle doit ſe feliciter, non pas de la retrouver, puiſqu'elle
l'a toujours vûe, quoique dans une perſpective éloignée, mais de ce
qu'elle ſe preſente pour calmer les inquietudes du Miniſtere Public, qui
eſt en droit de lui demander ce que la fille, dont elle eſt accouchée en
1686. eſt devenue. Là voilà cette fille, Madame la Preſidente Ferrand
nous dit, prouvez. La fille lui répond, vous ne m'obligerez pas à l'impoſſible, je prouve ma naiſſance ; vous ne prouvez pas ma mort, j'exiſte
donc. Je prouve, par tout ce que vous avez fait pour moi, que vous
êtes ma mere, mon pere en ne voulant pas me reconnoître, m'a reconnue. Où avez-vous été miſe en nourrice ? eſt-ce à Paris, eſt-ce à Puiſeaux ? Faut-il rapporter la preuve de ce fait ? La Demoiſelle Ferrand re-
preſente le titre primitif de ſon état ; ſon Extrait Baptiſtaire à été muet
pendant quelques heures, la parole lui eſt revenue, elle a été cachée pendant long-tems, le tems eſt arrivé où elle paroît & ſe fait entendre ; mais
de quelle façon ? L'Extrait Baptiſtaire joint à l'Acte de Carnot, dit deux
choſes ; l'une, que la Demoiſelle Ferrand eſt fille de M. & Madame Ferrand ; l'autre, que ſon pere a voulu lui enlever ſon état. Madame la Preſidente Ferrand a eu tort de ne s'y pas oppoſer ouvertement, mais elle n'a pas
oublié qu'elle étoit mere, elle ne daigne plus s'en ſouvenir ; quand on
s'eſt écarté de la route du vrai, qu'il eſt difficile d'y revenir ! Elle s'en rapporte aux Juges, c'eſt à eux à peſer la valeur des preuves ; * c'étoit à elle
à prononcer l'Arrêt, il devroit être écrit dans ſon cœur ; elle auroit impo-
ſé ſilence à des Collateraux, qu'elle n'a appellé à ſon ſecours que pour la
contredire, & s'il eût été poſſible, pour la deshonorer de ſon agrément.

* À la ſuite de l'ar-
ticle 29. de l'Interro-
gatoire.

Qu'on examine, qu'on peſe au poids du Sanctuaire toutes les circonſtances, les grandes vûes de l'interêt public qu'on oppoſe à la Demoiſelle
Ferrand lui ſont toutes favorables ; Madame la Preſidente Ferrand n'oſe
aſſirmer qu'elle n'eſt pas ſa fille, elle chicane ſur les preuves, & elle chicane juſqu'à l'indécence : c'eſt à ſa fille à tout prouver, juſqu'au lieu où elle
a été miſe en nourrice. On a raiſon de croire que c'eſt à Puiſeaux ; la mere
le nie ſechement, ſans indiquer d'autre lieu ; la mere nie Melun, dont elle
eſt convenue dans ſon Interrogatoire, c'eſt où ſa fille en ſortant de nourrice
a été envoyée.

Madame la Preſidente Ferrand & les Collateraux s'égarent dans les ge-
neralitez, les Juges doivent fermer les yeux à la lumiere, les peres & les
meres qui n'ont pas voulu reconnoître leurs enfans ont eu leurs raiſons, le
bien public exige qu'on banniſſe des Tribunaux ces ſortes de queſtions ;
l'Arrêt de Sazilly en eſt une preuve ; malheur aux enfans en faveur de qui
la nature n'a point parlé. L'état des hommes n'eſt donc plus une portion

du droit public. Qui doute que dans une matiere auſſi importante il faut marcher avec une extrême circonſpection ? que les impoſteurs ſoient pu- nis , que les peres qui ſeront convaincus d'avoir voulu enlever l'état à leurs enfans ne ſoient pas récompenſez ? La Juſtice eſt un preſent que Dieu a fait aux hommes , elle eſt dûe aux peres , eſt-elle moins dûe aux enfans ? L'Arrêt de Sazilly a jugé un point de fait : celui qui reclamoit ſon état n'avoit d'autres preuves que les bontez & les attentions qu'on avoit eues pour lui , il avoit été admis à la preuve , l'accouchement , qui eſt le fon- dement de la filiation , n'étoit point juſtifié ; les Juges ne donneront ja- mais des enfans à ceux qui n'en ont point : delà conclura t'on qu'il eſt per- mis aux peres qui ont des enfans de s'en débarraſſer ? Madame la Preſi- dente Ferrand eſt accouchée d'une fille , elle lui propoſe une alternative, elle lui donne le choix , d'être morte ou d'être bârarde. Ni l'un ni l'autre de ces deux partis ne convient à la Demoiſelle Ferrand ; elle eſt ſûre de n'être point morte , elle prouve ſa legitimité. Madame la Preſidente Fer- rand ne prouve point , n'affirme pas même la bâtardiſe , qui ſeroit plus dure & plus fâcheuſe que la mort. Qu'elle demande ſi elle croit, qu'elle ſoit poſ- ble, & qu'elle lui ſoit neceſſaire, la preuve de ce fait injurieux, qui eſt la baſe de ſes défenſes ; mais en alleguant ce fait, elle le détruit ; la défenſe de la Demoiſelle Ferrand ſera bien prompte , puiſqu'elle nous dit que le Sieur de Bellinzani lui-même ne l'a pas ſçû : ainſi d'un côté le Sieur de Bel- linzani a ignoré qu'il a eu une bâtarde , de l'autre M. le Preſident Fer- rand a ſçû parfaitement qu'il a eu une fille legitime , & les ſoins myſte- rieux que Madame la Preſidente Ferrand , pour faire plaiſir à ſon mari, en a eu depuis 1686. pour lui conſerver la vie , qu'elle lui a donnée , ne permettent pas de douter qu'elle n'en ſoit la mere.

M. GUILLET DE BLARU, Avocat.

De l'Imprimerie de la Veuve D'ANDRE' KNAPEN, au bas du Pont Saint Michel, au bon Protecteur, 1736.

www.ingramcontent.com/pod-product-compliance
Lightning Source LLC
Chambersburg PA
CBHW070155200326
41520CB00018B/5409